松平家　心の作法

Matsudaira Manners

Yoshiko Matsudaira

松平洋史子

講談社

はじめに　松平家　心の作法とは

一度のお辞儀で、人の心を捉える。

それが松平家の作法、そして『松平法式《まつだいらほうしき》』のベースです。

江戸時代、位の高い方にお目にかかりご挨拶できる機会は、数少ない貴重なチャンスでした。そのため、松平家の人々は作法を磨き、お辞儀だけで相手の心を捉える、美しい動きをつくり上げていったのです。

私がこの本でお伝えする「作法」には、そんな松平家に代々受け継がれてきた、人としての教えが含まれています。なかでも、私の祖母である松平俊子《まつだいらとしこ》が伝えてくれた「心の作法」を多くご紹介しています。

俊子は、大正末期から終戦期まで、社会事業家として活躍した女性です。その突出した気品から、戦後、昭和女子大学の前身、日本女子高等学院の校長にと見込まれました。その校長時代に祖母は松平家に代々伝わる生き方教本『松平法式』をまとめました。

本書でそれを現代の方にもわかりやすくお伝えします。

ところで、この本を手にとってくださったみなさまについて、私に想像できることがひとつあります。それは、みなさまがすでに十分お美しいのではないかということです。「作法」という折り目正しい言葉に心魅《ひ》かれるみなさまは、おそらく、常日頃から美しくありたいと願い、そのためにさまざまなことを実践されている、素敵な方々ではないでしょうか。それでもどこか自信が持てない。たとえ人さまに褒められても、今の自分には何かが足りない気がする。そのように感じていらっしゃる方が多いのではないでしょうか。近ごろの女性を見ていると、私にはそのように思えるのです。

祖母・松平俊子であれば、今の女性たちに、どのようなアドバイスをしたでしょうか？　その気持ちが、この本を書くきっかけとなりました。

俊子は、明治23年（1890年）に、佐賀藩の侯爵・鍋島直大《なべしまなおひろ》の六女として生まれました。直大は、駐イタリア特命全権公使などとして活躍した人物で、西洋の一流を知り尽くした趣味人でもありました。また、明治天皇の信頼も厚く、宮中の儀式を取り仕切る式部職の長官を務めたこともあります。その直大に育てられた俊子が、17歳のときに結婚したのが、伯爵・松平頼寿《よりなが》の弟、松平胖《ゆたか》です。胖は〝松平家〟の末裔です。松平家は、室町時代に三河国賀茂郡松平郷に興《おこ》った豪族で、その9代目当主が〝徳川〟を名乗るようになりました。のちに江戸幕府の将軍となった徳川家康です。つまり、松平家とは、江戸時代の武家の象徴・徳川家の母体となった家系なのです。

俊子が嫁いだのは、将軍家にもっとも近い親族である徳川御三家（尾張徳川家・紀州徳川家・水戸徳川家）のうち、水戸徳川家の流れを汲《く》む、讃岐国高松藩松平家でした。礼儀作法や質素倹約を重んじる武家の精神は、今も高松松平家にしっかり受け継がれています。つまり俊子は、生家で〝西洋の一流〟と〝豪奢な生活〟を、嫁いだ家で〝日本の一流〟と〝質素倹約〟を身につけました。同時に〝洗練された美しいもの〟と〝無駄なもの〟を見分ける目を持つ女性となったのです。

そんな俊子が記録した『松平法式』の作法は、きわめてシンプルです。

まずは、美しい所作を身につけること。

そして、美しい心を持つこと。

美しい所作と心の持ち主には、おのずと気品が備わります。気品とは、「人さまのために見苦しくない自分でありたい」と願い、そのように振る舞うことから生じる、高貴なオーラのようなものです。今の女性の多くが自信を持てないのは、この〝気品〟を身につける術《すべ》を知らないからではないでしょうか。

『松平法式』でみなさまにお伝えするのは、気品を身につける方法です。美しいお辞儀をして一瞬で主君の心を捉えるように、気品は大勢のなかにいるあなたを際立った存在にしてくれます。

また、気品を身につけることは、一期一会（一生に一度しかないかもしれない貴重な出会い）において、重要な人物と親交を深めるための、生きる術でもあります。

あなたの人生に訪れる素敵なチャンスを、決して逃さないでください。

あなたが自信を持ち、凛とした女性として生きるためのお手伝いに、この本が少しでもお役に立てば幸せです。

松平家　心の作法　目次

家系図

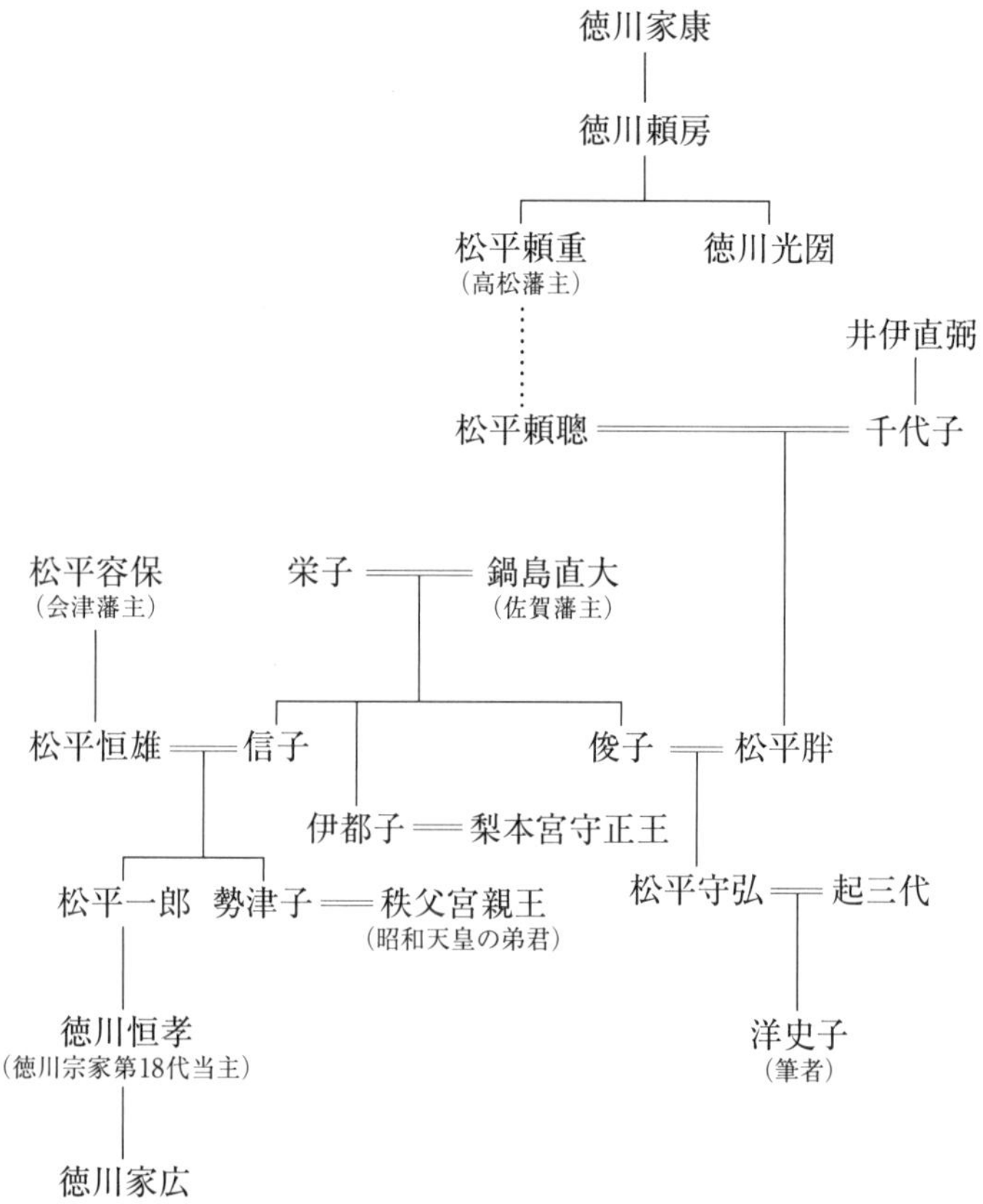

徳川家康
徳川頼房
松平頼重
（高松藩主）
徳川光圀
井伊直弼
松平頼聰
千代子
松平容保
（会津藩主）
栄子
鍋島直大
（佐賀藩主）
松平恒雄
信子
俊子
松平胖
伊都子
梨本宮守正王
松平一郎
勢津子
秩父宮親王
（昭和天皇の弟君）
松平守弘
起三代
徳川恒孝
（徳川宗家第18代当主）
洋史子
（筆者）
徳川家広

第 一 章

松平法式の基本

The Basics

姿勢を正せば心が変わる

Start by correcting your posture.

武士道の精神で、「形から入って心に至る」という言葉があります。

たとえば、姿勢を正すことにより、物事の本質が見えるようになるという意味です。

松平家では、塞ぎ込んでいると「姿勢を真っ直《す》ぐにして、天から大切なものを受け取りなさい」と言われます。実際にやってみると、不思議と心の波が落ち着くのです。そのまま大きく天を仰いで深く呼吸をします。すると頭に気持ちよく酸素が流れ、気分が晴れやかになります。

視線を上げることで、視界も広がり、見えなかったものが見えるようにもなります。

最近、電車のなかで背中を丸くしてスマートフォンなどでやりとりしている女性をよくお見かけします。これが実際の会話なら、猫背のままで美しい言葉が出てくるでしょうか。

背筋がしゃんと伸びた自分の姿を想像してみてください。誰から見ても美しいだけではなく、美しい言葉も自然と出てきそうです。

背中を丸めていては、目の前の幸運も逃げてしまいます。

姿勢を正せば心が変わります。本来の美しいあなたを取り戻しましょう。

嫌なことは「丹田《たんでん》」に納める

Bury unpleasant thoughts
deep in your heart.

子どものころ嫌なことがあると、祖母から「愚痴は口には出さず、嫌なことは丹田に納めなさい」と厳しく言われました。

愚痴は、自分の品性を高めるものではないからです。

丹田とはお臍《へそ》の下あたりの、全身の精気が集まるとされるところ。この丹田無くして松平家は語れません。

不快な出来事に遭遇したら、人目につかない場所へ移動して、丹田を使った呼吸法を行います。すると肩の力が抜け、相手を責める気持ちが消えてしまうのです。

1．まず目を閉じて鼻から息を吸い、悪い気をすべて丹田に落とし込むつもりでお腹を膨らませて一旦止めます。

2．そして唇を少し開け、歯と歯の間からスーッと音を立てながら、息を最後の最後まですべてゆっくり吐き出します。

一度でさっぱりしますが、何度か繰り返し行うと、丹田の周辺の筋肉が鍛えられ、凛とした美しい姿勢も保てるようにもなります。

また、苦手な人に会うときなども、この呼吸法を行うと緊張がほぐれ、表情も明るくなるのでおすすめします。

優しく、
逞《たくま》しく、
美しく

Gently, vigorously, and beautifully.

一夫一婦制が法律に明記されたのは、明治31年（1898年）のこと。日本ではほんの100年と少し前まで、男性はお妾《めかけ》を持つことが許されていたのです。

そんな習慣のなかでは、松平家の女性たちも、正室であっても、側室であっても、心乱れる瞬間がたくさんあったでしょう。

けれど、どんなときにも優しさを失わずにいること。ものごとに動じず、美しい女性でいること。他人の人生に影響されすぎず、謙虚に生きること。

それが幸せの秘訣だと松平家の女性たちは知っていました。

「女性はどんなときも、優しく、逞しく、美しく」。

これは祖母が松平家に嫁入りした際、姑の千代子《ちよこ》（井伊直弼《いいなおすけ》の娘。井伊家から松平家に嫁ぐ）から伝えられた言葉であり、松平の女性たちに、脈々と受け継がれてきた言葉でもあります。今の自分にできること、できないことを分けて、今できることを一生懸命やる姿が、優しく、逞しく、美しい姿なのです。

どんな場面に遭遇しても、自分を信じて、この心持ちでどっしりと構えていれば、不安は自然と消えていきます。

「残心《ざんしん》」で
思いやりの気持ちを残す

Be respectful to the end.

相手を敬い、思いやりの心を残すことを「残心」と言います。

茶道をはじめ、武道や芸道のなかに残る言葉であり、動作ひとつひとつに清らかな余韻を残すには、この「残心」が必要であり、松平法式の基本精神です。

たとえば、お茶を出すとき右手で茶碗を置いたら左手を添えてさしあげるのも、その心の表れです。「残心」とは、そのモノ、コトを思う心なのです。人に「清らかさ」をもたらすのは、この「残心」から生じた美しい行いです。

「清らかな余韻を残せる女性になりなさい」。祖母はそう言いました。ドアは静かにゆっくりと閉める。電話を切るときはお相手が切ったことを確認してからそっと切る。このように、どのような動作にも最後まで気を抜かず、清らかな余韻を残すことができる人には、また会いたいと思うもの。

メールなどでも、結びの言葉が美しい方は印象に残ります。美しい結びの言葉とは、気の利いた言葉でなくてもかまいません。相手の状況に合わせた優しい言葉をかけられるかどうかなのです。

「残心」は日本のすばらしい文化。「おもてなし」の一歩は残心からです。

人さまにとって
見苦しくない
自分でいること

Make yourself look presentable.

昭和初期、祖母は新聞各紙で新しい時代の女性リーダーとして報じられていました。そんな祖母に「日本女子高等学院（現在の昭和女子大学）に校長として招きたい」と創設者・人見東明《ひとみとうめい》氏より申し出がありました。

「一流の学校を創るためには学問だけでは足りない。社会をリードする女性として、学生の人柄を磨いていきたい。そのためには松平俊子さんの気品に、学生を直接ふれさせてやりたい」と説得されたそうです。祖母は学院の校長を引き受け、松平家の作法『松平法式』を女子教育に取り入れました。

祖母に教えを受けた卒業生は、祖母の思い出を次のように書いています。「松平先生のお美しくも気高い姿を目のあたり拝見しましたとき、講堂いっぱいの学生一同ただ感激して表す言葉もございませんでした。きれいなお声、もの静かな動作、今さらのようにお慕わしく、四十有余年の昔に思いを走らせます」。

祖母が発していた気品とは、「人さまにとって見苦しくない自分でいたい」という思いと振る舞いから生じたもの。気品は日ごろの心がけで、育てることができます。

今日から「人さまにとって見苦しくない自分」を意識して生活してみましょう。

質素倹約は本質を見極める

By scrimping and saving,
you will see the true nature of things.

大正から昭和初期、祖母は深窓《しんそう》の人でありながら、渋谷駅前の公設市場に毎日のように買い出しに行きました。質素倹約を第一として、低予算でどこまで食卓を豊かにできるか自分なりに試したのです。

松平家には「物事の本質がわからなくなったら、質素倹約を実践することで本質を見極めよ」という教えがあります。贅沢をせず、慎ましく暮らすことで、合理的な考え方やアイデアが生まれるということです。

祖母の質素検約の精神も、次々とアイデアを生み出しました。女性が動きやすいセパレートの着物を考案したり、主婦の家事がラクになる椅子式の生活を導入したり。合理的に時間を節約できれば、女性の社会進出を実現できると考えたからです。

その姿が評判となり、朝日新聞、読売新聞など各紙が、祖母が打ち出した主婦のための生活改善プロジェクトを一斉に報じ、やがて、今でいうカリスマ主婦として取り上げられるようになりました。

とはいえ、質素倹約と貧相は違います。質素倹約のなかでも、福々しい顔つきや服装、生活の工夫が大事なのです。

型を身につけ壊す

Learn the formula, then depart from it.

日本の伝統的な茶道、華道、武道など、「道」とつくものにはすべて型があります。お花を教えていると、「先生、最後は自由創作に行くのですから、最初から自由で良いのではないですか」と言われることがあります。

本当の美しさは型を学んでから。その型のなかでこそ、のびやかで美しい静と動が生じるものなのです。

茶道や武道には「守破離《しゅはり》」という教えがあります。「守」とは、師匠の教えを守ること。「破」とは、ある程度教えを身につけて、既存の型を少し破ってみること。「離」とは、師匠の元を離れ独り立ちすること。物事にはどれも、最初は師の教えを受けてから、型を破り、独り立ちするという人間の成長図式があります。

松平法式の「基本の型」も、長い歴史のなかで脈々と受け継がれてきたもの。そこに、継ぐ者たちの手で、時代の流れに沿って、新しいものが取り入れられてきました。しかし、基本の型は変わりません。

松平法式でも「残心《ざんしん》」（Ｐ16）「自制」（Ｐ42）「心眼《しんがん》」（Ｐ128）といった３つの型を覚えてください。型を覚えたら、それを今度は自分なりに理解して、自由に表現すれば良いのです。

英語を学び
世界に目を向ける

Master English and look abroad.

祖母の父・直大《なおひろ》と、祖母の母・栄子《ひでこ》との出会いは、直大が前妻を亡くし、外交官としてひとりイタリアに赴任していたころのこと。昭憲皇太后《しょうけんこうたいごう》（明治天皇の皇后）が宮中で女官を務めていた栄子を直大に薦めたのです。

結婚してからの栄子は、日本女性ならではの凛とした所作が評価され、ローマ社交界の華となりました。帰国後は、逆に外国生活で身につけた振る舞いを活かして鹿鳴館で花形に。伊藤博文《いとうひろぶみ》ほか当時の華族たちにダンスを指導したり、英会話を指導したりするなど、外交を手助けしたのです。

「英語を学べば、人さまのお役に立てることが増える」。母・栄子の姿に感銘を受けた俊子は、自宅に訪れる外国人のお世話係をして、実践的に英会話を習得していきました。松平家に嫁いだ俊子は海外に出ていき、裁縫の手間を省くためのミシンを日本にいち早く輸入し、ミシン講習会を開いては、新聞や雑誌に取り上げられました。

祖母はよく言いました。「これからの女性に必要なことは、世界に目を向けることです。そのためにも、まず日本の文化を学びなさい。そして英語を身につけなさい」。

今からでも遅くはありません。

第 二 章

生活を整える

On Organizing Your Life

入口があれば出口がある

For every entrance there is an exit.

松平家では、掃除や整理整頓ができない人は、頭の中の整理もできないと言われます。祖母はよく「モノ、コトには、入口と出口があるのですよ」と言いました。

生活は入口と出口の繰り返しです。今日履いた靴は下駄箱に戻しましたか？　食べ終わったら食器を洗いましたか？　出口の始末を怠ると部屋はどんどん散らかります。

また、「何かを買うときは、出口を意識しましょうね」とも言われました。たとえば、服を買おうとすると、祖母に「洋史子ちゃん、それが欲しいのはどうしてですか？」と聞かれます。「今度音楽の発表会があるので欲しいのです」と答えると、「それも大切ですね。でも、これは他に使えますか？」「…………」となります。

買い物をする際の出口とは、モノを気に入り消耗するまで何度も使えるかということです。タンスの肥やしになっている洋服がクローゼットに溢れているならば、次に買うときは出口を意識してみるのです。そうすると、散財することはありません。

どんなときでも、どんな行動にも、必ず入口と出口があります。

それを明確にすることが、人生においての幸せのカギとなるのです。

お皿を洗うときは、必ず裏から

When washing dishes,
always start with the underside.

松平家の子どもたちは、自分のことは自分でできるよう女中から教わります。特に掃除や整理整頓はとても厳しく躾《しつ》けられます。

食事が終わると、そのまま台所に行き、自分の食べたお茶碗とお皿を洗います。それを見ている女中に、「お皿には裏に顔がありますから、裏から洗いましょう」と言われ、女中の点検で、もしもきれいに洗えていなければ、やり直しをします。

裏から洗って、次に表。表の汚れを残したままにする人はいませんから、この順番で洗えば、全体がきれいになるのです。

部屋の整理整頓も同じように言われました。人目につきやすい表面を先に片付けると、裏となるタンスのなかや机の引き出しは「またこの次で良いかな」となります。表を先にきれいにしてしまうと、裏は雑になってしまうものです。

物事には何にでも裏表があります。必ず裏からきれいにすることで、全体が片付きます。「裏表」という言葉が、「裏」から始まるのは、そういう意味です。裏は家庭や教養や知識のことでもあります。

裏から磨けば、何事もうまく回り始めます。

掃除は心の整理

Cleaning is as much for the mind
as it is for the home.

松平家では、掃除はすべての始まりと言われ、子どもたちは毎朝、廊下の拭き掃除を何往復もさせられました。バケツに水を入れて、ぞうきんを絞ります。女中が絞り方をチェックして、ぞうきんから水がポタポタ落ちたら、「まだだめです！　ぎゅっと絞るのです！」と叱られ、「掃除とは、心の整理なのですよ」と言われ続けて育ちます。

年の暮れの29日には、女中が私の持ち物をすべて集めて大きな段ボールに詰め、「はい、どうぞ」と私の前に置きます。そして、捨てるもの、捨てないものを振り分けさせるのです。必ずそれをやらなければ、「年を越せないですよ」と言われます。

それは来年に向けて、自分に何が必要で、何が不要なのかを確認する作業でした。不要なものを捨て、必要なものだけを残す。この作業は、人間関係、仕事、恋愛など、人生における取捨選択にも役立ち、思考を整理できます。この作業は今でも行っています。

年が改まり、元日になると必ずひと言、大人も子どもも「今年はこういう年にしたいです」と抱負を発表します。それを父が書きとめます。その抱負はその年の年末に振り返ることはありません。なぜなら過去を振り返るより、明日への希望を持つことに意味があるとの教えがあるからです。

おしゃれは自分の身を守るもの

Dressing up is a way of protecting yourself.

祖母が松平家で培った身だしなみの精神を語った言葉に、「婦人の修養（人格を高めようとすること）というものは外に出るときには極めて大切なものなり。清潔で髪の毛の一筋も乱れなく着物の生地はどうあろうとも手入れ行き届き綺麗さっぱりとして折り目正しき」というものがあります。

簡単に言えば、身だしなみが自分の身を守ってくれるのだということです。

江戸時代は特に着るものや仕草で、身分や職業がはっきりわかる時代でした。武士であればちょっとした衣服の乱れが攻撃の隙を与えてしまうこともありました。現代でもやはり、その人の身なりで人間性が判断されてしまいますから、身だしなみを整えて自分を守っていくことは、とても大切です。

他にも、身につけるアクセサリーは、会う人に合わせて十分に選ぶことが大切だと教えられました。アクセサリーは、相手への歓迎の意になるからです。おしゃれは人への思いやりです。

隙のある服装に、あなたの人間としての隙を見いだす人がいるかもしれません。おしゃれであなたの身を守り、お目にかかる方たちに歓迎の気持ちを表現しましょう。

絹で磨く

Polish with silk.

松平家では、どんなときにも美しく、疲れた顔を人さまに見せてはならぬと教育されます。ですから美や健康に関する自己管理は徹底していました。

なかでも「絹」は欠かせないものでした。

なんとなく疲れたなと感じたときは、絹のフェイスタオルを用いて、顔や身体を優しく洗います。

祖母はいつも洗顔するとき、石鹼を泡立て絹布につけて、優しく撫でるように洗っていました。洗顔後のお手入れはシンプルで、へちま水などをつけていただけですが、指先に決して力を入れず、絹布でお肌を傷つけないよう労《いた》わっていたせいか、いつもきめ細かなシミのないお肌をしていました。

実際にやってみるとよくわかりますが、絹布のなめらかな肌触りは、素肌だけでなく、疲れてささくれだった心もなめらかにしてくれます。

また、絹の上質な感触が、自らも上質な存在でありたいという意識を促して、「明日も素敵な自分でいよう」と前向きな気持ちをくれるのです。

絹という上質な素材を使って、自分を磨くという行為は、想像以上にあなたを前向きにし、美しさを高めてくれます。

一汁一菜、
腹八分目の精神で

Eat moderately.

「いつもお腹いっぱい食べていると、心も身体も鈍くなり、人の気持ちや痛みがわからなくなる」と躾けられました。「一汁一菜、腹八分目」の精神です。

松平家というと、とても恵まれた食事が出るように思われるでしょう。しかし、普段は一汁一菜とシンプルです。

私が子どものころは、もう少しいただきたいと思っても、おかわりはできませんでした。これは「八分は自分のため、二分は人さまのために分け与えましょう」という精神に因《よ》るものです。二分を残すのではなく、最初から腹八分目の量しか用意しません。

腹八分目の生活は、すっきり軽やかな心と身体をつくります。私をはじめ、松平家の女性で太っている人はほとんどいません。贅肉がついた分、心の余裕がなくなると考えるからです。痩せすぎはいけませんが、すっきりとした身体は、仕事や家事、育児などを軽やかに行わせてくれます。

腹八分目は、人さまのために動ける身体をつくるということでもあるのです。

「腹八分目」を一日でも良いので試してみてください。今日できれば、明日も続けてみようとなります。

第 三 章

心を整える

On Getting Your Heart in Order

人生とは
上手に感情を自制する技

Life is about learning to control your emotions.

松平家の人間は、人前で泣いたり、不機嫌な感情を表に出したりすることは、厳しく禁じられていました。

私が小さいころは、えーんと泣くと、すぐ女中に手を引っ張られて自分の部屋に連れていかれ、「泣き姿は人さまに見せてはなりません。お部屋のなかで泣くのです」ときつく言われたものです。

これは単に「すぐに気持ちを顔に出すな！」ということではありません。泣くことをこらえ、感情そのものを「自制」することに、精神を鍛えるという意味があるのです。

江戸時代、殿様、姫様が不機嫌でいれば、お家事情が漏れてしまったり、家臣の首が飛ぶようなことにもなりかねませんでした。ですから、表情には十分気をつけよと教えられるのです。不機嫌でいることは、周囲への甘えであり、自分の弱さを露呈することだとも言われます。ですから、松平家では「人生とは、上手に感情を自制する技」だと教えられます。

生きていれば、恨みや嫉みや怒りや苦しみなど、さまざまな感情が生まれるでしょう。それをいかにして自分のなかで抑えるか。

感情をうまくコントロールすることが、自分を生かす技なのです。

誰かに優しくするだけで
救われる

Be nice to somebody,
and you will feel better.

松平家では「素敵な人になりたいと思うなら、人に優しく」と躾けられます。私は「人に優しく生きる」と決めて生きています。決めたからには、どんなときでも人を助けたいと思います。ですから、困っている方を見かけると、声をかけずにいられないのです。

祖母も〝無私〟と言っていいくらい、「人のために尽くす」と決めて生きました。関東大震災の直後、余震が続くなか、焼け出された人々を、屋敷の前に赤い毛氈《もうせん》を敷いて招き寄せ、握り飯を振る舞って、人々を励まし続けました。

そんな祖母が残した言葉に、「自分が砂漠のなかで死ぬときも、骨になって迷い人の道しるべになりたい」というものがあります。そこまでして人のためになりたいという思いが祖母にはありました。「生きるとは名を後世に残すことではなく、未来に恩返しすることですよ」と祖母はいつも話してくれました。

今、もしあなたが悩みを抱え、苦しみのなかにいて、生きている意味がわからないと思うのなら、誰かに優しくして差し上げてください。それだけで心は救われるのです。あなたは愛を生み出せる人です。

心に自分だけの城を持つ

Have your own castle in your heart.

徳川270年の礎《いしずえ》を築いた3代将軍・家光《いえみつ》の乳母・春日局《かすがのつぼね》は、大奥の制度を整備し、幕府のために朝廷に政治的な働きかけをした初めての女性です。

その強さは自分のためではなく、家光を守るためであったと聞きます。

「何かを達成するために自分はこう生きる」と覚悟すること。そのことを、松平家では、「心に自分だけの城を持つ」という言い方で教えられます。

こう生きるという信念、守りたい人やもの。誰にも攻め込まれまいとする強い心が「心の城」なのです。

「心の城」を持つと、どんなに辛い状況にあっても、踏ん張れるチカラが湧きます。

「自分はこういう人生を生きたい」「ここまでは許せるけれど、ここからは譲れない」という自分の城をつくって、自分を守るのです。

時代は、便利に豊かになったのに、ぽきっと心が折れやすい方が増えたようです。フェイスブックなどで人との繋がりを求めては、そこで知り合った人の言葉に一喜一憂して、振り回されます。「心の城」を持つことで、何があっても揺るがない、意志のある人生を歩くことができるのです。

言うべきひとつを
見つけられる人になる

Learn to say the right thing
in as few words as possible.

松平家では「自分の思ったことを、すぐその場で言い返さないようにしなさい」と躾けられます。感じたことをすぐに言うのではなく、ひと呼吸してからものを言うことが、生きるうえでの心得です。

もし誰かと口論になったらすぐに言い返すのではなく、返す言葉はひとつに絞ります。たくさんのことを言い返してしまうと、相手に伝わる情報が増える分、大事なことが伝わりにくいのです。

祖母からは、「言うべきひとつを、すぐに見つけられる女性になりなさい」と教わりました。言うべきひとつが見つからなかったら、今は何も言うことはないということです。それは、物事の本質をすぐに見つけられる目を持ちなさいという意味でもあるのです。そうやってひとつのものを見つけられるようになると、他の大事なものも見つけやすくなります。

今は情報が多すぎて、日々さまざまなことを選択しなければいけません。だからこそ、そのひとつを見つける感覚が大事になのです。

精神の改善は食から

Improve your spirit by eating right.

集中できないときや、気分の乱高下が激しいとき、松平家では食の改善が必須とされてきました。

96歳で天寿をまっとうした祖母は「精神の改善は食から」と言い、米は玄米、野菜は皮も食べるように調理しました。肉食を少なくすると頭脳が冷静になるので、肉を控え、授乳のときは骨ごと食べられる魚の佃煮を食べていました。その食事法を受け継いだ私の母・起三代《きみよ》も93歳を過ぎ、松平家の長寿記録を更新しようとしています。

祖母は、明治時代の医師・石塚《いしづか》左玄《さげん》の医食同源の考え方「食養生」に感銘を受けたそうです。左玄は「心身の病気の原因は食にあり。人の心を清浄にするには血液を清浄に、血液を清浄にするには食物を清浄にすることである」と唱えました。玄米、玄麦などの未精白穀類を中心に野菜、豆、小魚、海藻などを食べることが、健康長寿に、そして精神の清浄に繋がります。

私が子どものころの松平家の食卓も、ご飯、汁もの、香の物、そして時々お魚とシンプルでした。

松平家のシンプルできれいな食べ方は、美しい心をつくります。

表向きの顔をつくりなさい

Make the effort to look your best,
and you will feel your best.

世間では「裏表のない良い人」と表現しますが、松平家では「表向きの顔をつくりなさい」と教わります。これは、人さまに対して不快な思いをさせてはならないという、思いやりの精神からくるものです。

また、表面を取り繕《つくろ》うと、心もそれに引っぱられるという意味でもあります。

子どものころ、どんなに疲れていても、いつもぱりっとした格好をして笑顔を浮かべる父を見て、「なんて見栄っ張りなんだろう」と思ったことがありました。けれど父は、「心が乱れているときこそ表向きの顔をつくり、見栄を張ることが必要なんだよ。見栄を張った姿を、どなたかに『素敵ですね』と褒めていただければ、褒めていただくにふさわしい自分として、自然に振る舞うようになるだろう。そうしているうちに、それが表向きの顔のようになり、心がぱりっと整っていくのだから」と言うのです。

「体裁《ていさい》を取り繕う」という言葉があります。これは一般的には、外見ばかり良く見えるように振る舞い、心はついてきていない状態で、あまり良い意味ではありません。しかし、本気で体裁を取り繕えば、心だってついてくるのです。

落ち込んでいるときこそ、表向きの顔を整えて、思い切り見栄を張って心を整えてみましょう。

美しいものに
目を向ける

Look at the beauty around you.

松平家では、美しい心でいたいなら、美しいものに触れなさいと教わります。生きていれば、落ち込んだり、傷ついたりして、癒しを求め、散財することもあるでしょう。明治生まれの祖母は関東大震災、太平洋戦争、戦後は財産税納付のため財産を手放すなど、運命に翻弄され、さまざまな苦難を経験しました。しかし祖母はいつでも明るく周りを励まし、身近な幸せを見つけては楽しむ人でした。

祖母は散歩に出かけると、日本の四季折々の美しい光景に感動する人でした。桜やお月様、梅雨の時期には庭先の雨蛙を見つけて「まあ、あなたおきれいね」と声をかけ、それは子どものように無邪気に微笑むのでした。

「おばあちゃまは、いつも楽しそうですね」と尋ねると祖母は「美しい自然の光景を見ていますと、心が洗われます」。毎日の生活のなかにも、美しいものに触れる瞬間がある。それに気がつく女性になることで、嫌なものも美しく見え、自分の豊かさに繋がっていくのだと話してくれました。

素直に感動できる、そんな自分を好きになる。そこから始めるのです。

一日ひとつ、良いことをする

Do one good deed a day.

松平家では、目の前の方が何かに困っているようであれば、自分から「どうかなさいましたか。私に何かできることがありますか」と必ずお声をかけて差し上げなさいと躾けられます。

人さまに、何かして差し上げたい。常にそう願い、実行することに、生きる喜びがあります。

お声をかけなくても、人さまのお役に立つことは、毎日だってできます。たとえばある朝、私は歩道に倒れている自転車を起こして、通行する方の邪魔にならないように道の端に停めておきました。些細ではありますが、倒れたままの自転車を知らんぷりしなかったということ。間接的にではあっても、人さまに優しくできた自分が、私はとても好きなのです。

自分を好きだというキラキラした気持ちは、少しずつ自分という容《い》れ物のなかに溜まっていきます。キラキラがたくさん溜まれば、その輝きは、やがて外へと溢れ出すのです。人さまに褒められなくてもよいのです。

一日ひとつ、良いことをすることで、あなたは輝きだします。

愚痴や不満は
心を乱す

Whining and complaining will only
make you look bad.

松平家では「心を乱す言葉は慎みなさい」と躾けられます。

人は、いろんな関わりを持って生きています。そんななかで、自分を通そうとすると摩擦が起きます。摩擦は相手を傷つけて、自分をも傷つけます。ですから、摩擦の原因になるようなことは、口にすべきではないのです。それに、愚痴や不満を口にするときの表情は、決して美しいものではありません。

祖母には結婚してから大きな苦しみがありました。それは、長男との別れです。夫の兄の讃岐松平伯爵家では世継ぎがなく、そこで祖母の長男が養子に出されることになったのです。言い渡されてからたった1週間で息子を手放した祖母は、我が子を失った悲しみにくれる日々を送りました。しかしそんなときでも祖母はひと言の愚痴も口にしませんでした。

私が幼いころ、いつも優しく微笑む祖母に、無邪気な質問をしたことがあります。「なぜおばあちゃまは不平不満をおっしゃらないのですか?」。すると祖母は「愚痴や不満というのは、自分の心を乱します。自分の心を清くしていたいなら、静かに胸に秘めることです」と。どこか神々しいその言葉を、私は部屋に戻って書き留めました。

愚痴や不満をこぼしそうになったら、鏡を覗いて自分の表情を確かめてみましょう。

「誇り」が人を強くする

Pride strengthens us.

松平家にとって、幕末からの時代の流れは厳しいものでした。

戦後、華族令廃止などもあり、位も財産も失いましたが、松平家の人々は「『誇り』は決して失ってはならぬ」と誇り高く生きたのです。

明治になり、江戸城からたくさんの女性たちが市街に出されることになりました。その当時のお姫様たちも同様に城の外で生活しなくてはならなくなったのでした。

私が幼いころ、麹町《こうじまち》のある小さな古いアパートに、松平家とゆかりのある100歳近い高貴な女性が、侍従とふたりでひっそりと暮らしていました。かつてお姫様だったその女性は、着物を質屋に入れお金に換えて、毎日お粥をつくり、質素に暮らしていたのです。

そんな窮状でも品格極立つその女性は、「暑いなかよく来てくださいました。今日は甘いものがございませんが、ごめんなさいね」と子どもだった私にもお気遣いくださいました。

どんな状況にあっても、「誇り」を失わず、「こうありたい」という自分のイメージを崩さないこと。それはひとつの美しい生き方だと、私の心に焼きついています。

「誇り」があれば、強く生きられるのです。

嫌なことがあったら
その場から離れる

If something unpleasant happens,
walk away from it.

松平家では、「頭のなかはいつも美しく」と躾けられます。

祖母はいつでも、「洋史子ちゃん、嫌なことがあったら、その場から離れて良いものを見に行きなさい」と言っていました。その言葉を信じて、美術館や書道展に行くと、澱《よど》んでいた気持ちがフーッと晴れるのです。

また、試験の成績が悪く、部屋に籠もって落ち込む私を庭に連れ出して「この紫陽花《あじさい》きれいでしょ。ほらカタツムリさんも生きているわよ」と、命の美しさ尊さを説いてくれたりもしました。祖母の優しさに触れるたびに、私は「また明日もがんばろう」と前向きな気持ちになったものです。

祖母は、美しいものや良いものを見るときは、「これはどこの何年製の磁器で」とか、「この紫陽花は何という種類で」といった薀蓄《うんちく》は必要ないのですと言いました。「美しいものは感じなさい。良いものをたくさん見て、心のなかの澱みを、清らかな水で流しなさい。頭のなかをいつも美しくしなさい」。きれいなものを見て、感じることが、思考を整える術だと教えてくれたのです。

嫌なことがあったら、その場から離れて、自然とふれてみることです。頭のなかが美しくなり、清らかなあなたに戻れます。

忙しいときこそ
贅沢な時間をつくる

When you are busy is the time
to indulge yourself.

松平家では、忙しいときこそ心に余裕を持ちなさいと躾けられます。

祖母はさまざまな役職を兼任する、非常に忙しい人でした。大日本茶道協会の会長や、昭和女子大学の前身である日本女子高等学院の校長、少年少女保護施設を運営していた児童憲章愛の会の会長や日本海外婦人協会の会長など。そのため、たいてい外を動き回っており、家にいるときはひっきりなしにお客様の応対をしていました。

そんな祖母の唯一の贅沢が、「大好きなお茶を、時間をかけて、丁寧に淹《い》れて飲むこと」です。質素倹約が旨《むね》の松平家ですから、お金のかかることはできません。ですが、このときばかりはお気に入りの茶葉を、自分のために好きなだけ使います。低温のお湯でゆっくりと茶葉を開かせて、その芳醇な香りをお部屋に溢れさせます。しっかりと香りと味が出たら、お気に入りの茶器にそっと注ぎます。そうしてお茶を楽しみます。他には何も考えず、大好きなことだけに集中できる貴重な時間です。短い時間であっても、仕事以外のことに集中し、忙しい頭や心を落ち着ける。そうすることで、溜まった疲れをリセットしていたのだと思います。

忙しい方こそ、こうして自分をリセットし、心を整える時間をつくることが必要です。

重荷が辛いと思ったら
自然の摂理に身を任せる

When something doesn't go your way,
go with the flow.

松平家では幼少のころから「代々の自分の先祖を大事にしなさい。それが気品溢れる人格をつくる源です」と教わります。

当家の家系図（P143）を紐解くと、「水戸黄門」として知られる水戸光圀《みとみつくに》公をはじめ、井伊直弼《いいなおすけ》、鍋島直大《なべしまなおひろ》、梨本宮《なしもとのみや》、秩父宮《ちちぶのみや》など歴史ある方々に繋がります。

祖母をはじめ先祖のお墓は、地水火風空を象徴的に表した五輪塔《ごりんのとう》で守られています。五輪塔はこの世の理《ことわり》を表し、自然の摂理を説いています。夏は茂り秋は実をつける木々、そして冬になって黄葉も残さず木枯しに震える風情は無常の姿です。しかしやがて蕾《つぼみ》が膨らみ、楽しき春の蘇生となります。こうしたなかからあらゆる人の心の動きも生まれるのです。それらすべてを動かしているのは自然の摂理です。

祖母はよく、「自分が望まない事態がやってきても、自然の摂理に身を任せなさい」と言いました。たとえば、仕事などで希望の部署に行けなくても、状況を素直に受け止めて、そのなかで楽しむ術を見つければよい、という意味です。自分で人生を無理な方向に動かそうとするから苦しいのです。

変わりゆく季節のそれぞれを楽しみ、無理に流れに逆らわなければ、楽しみながら生きてゆけます。

第 四 章

よき伴侶に出会うために

On Finding the Right Spouse

結婚相手の条件はしっかり決める

Firmly set your requirements for marriage.

自分らしく幸せな人生を生きるために、結婚相手の見つけ方はとても重要です。松平家の女性たちは、まず、自分の現状を受け入れて、今後、どんな人生を歩みたいのかをイメージします。そこから、自分のなかで条件を決めていくのです。

みなさまにも、自分なりの条件をつくることをおすすめします。「こういう条件の人と知り合いたい」と具体的にイメージしていると、不思議と出会いやすくなるからです。結婚とは、自分自身を幸せにするための選択です。人生のなかで一番大きな決断と言ってよいでしょう。だからこそ、しっかり条件を決めてください。

常に「準備」をしておくことも大切です。江戸時代、殿様の寵愛を受ける女性たちというのは、ただ美しく運が良かっただけではありません。自分がいかに輝くかを日ごろから研究していたのです。

しかし、どんな時代でも、結婚して20年〜30年も経てば、人の気持ちは変わるものです。いつまでも恋人同士のようにはいきません。大事なことは、相手に依存せず自立していること。

そして、恋心が薄れても、尊敬しあえる間柄を目指すことです。

ひと目惚れを
信じなさい

Believe in love at first sight.

祖母の姑である千代子（弥千代姫《やちよ》）は、幕末の大老《たいろう》・井伊直弼の次女でした。弥千代姫は、讃岐藩松平家の松平頼聰《よりさと》（私の曾祖父）に出会ったとき、一瞬で恋に落ちます。そして、当時はめずらしい大恋愛の末に結婚。彦根から高松城までの輿入れが行われた際の婚礼道具は112棹《さお》にも及びました。

ところが、結婚2年目の春を迎えていたところ、「桜田門外の変」により弥千代姫の父・井伊直弼は暗殺されてしまいます。この事件をきっかけに、「井伊直弼の娘は、松平家にとって悪影響である」と家臣たちが判断し、弥千代姫に離縁を迫りました。

彼女は最愛の夫の身を案じ、ひとり彦根に帰ることを決断します。そして「またいつか夫に会う日のために、身も心も清らかでいよう」と決めたのです。

大政奉還から5年後、弥千代姫は頼聰と復縁し、胖《ゆたか》（私の祖父）ら五男二女を授かり、いつまでも仲睦まじく暮らしました。

ひと目惚れという「ときめき」を信じて愛を貫いた弥千代姫。「素敵だな」という直感は、あなたの人生に欠けているものを教えてくれることがあります。それは、案外当たっているものです。一途な愛を貫いた弥千代姫は、現在、彦根市のゆるキャラ・ひこにゃんの友達、やちにゃんのモデルにもなり、地元の人々に愛され続けています。

優しい人と出会いなさい

Meet nice people.

弥千代姫と頼聡《よりさと》の復縁を取り持ったのは、皇女和宮《かずのみや》の許婚《いいなずけ》でありながら、幕府によりその仲を裂かれた有《あり》栖《す》川宮《がわのみや》熾仁《たるひと》でした。同じ経験を持つ身として復縁を手助けしたのです。

和宮は5歳で当時16歳だった熾仁と婚約します。ふたりは強い絆で結ばれていきました。しかし、公武合体のため、熾仁との婚約は解消され、徳川第14代将軍・家茂《いえもち》（当時14歳）のもとへ降嫁《こうか》の願いが出されたのです。和宮は激しく拒絶しますが、幕府から何度となく圧力をかけられ、江戸城に入ります。

予想外にも、同い年の将軍・家茂は、和宮が江戸城で快適に暮らせるよう気を遣う好青年でした。そんな優しい家茂を、和宮は深く愛するようになります。家茂が20歳の若さで世を去ったその後、王政復古の大号令が発せられます。和宮は朝廷に「徳川家に寛大な処分を」と嘆願書を書きます。それを受け取ったのが、かつての婚約者・有栖川宮熾仁でした。熾仁の尽力で江戸城は新政府軍の攻撃を避けられたのです。

家茂や熾仁に共通するのは、人としての真の優しさでした。祖母は私の嫁入り前、「優しい人と出会いなさい」と伝えてくれました。そんな祖母も優しい人を選び、自分らしい人生を生きました。

出会いがないと感じるとき
一期一会を大切に

When you feel you aren't meeting enough people,
treat each encounter as if it were your last.

幼少のころ、祖母のお供で外出する機会がありました。

祖母は、店先の方、声をかけてくる隣人の方、どのような立場の方々にも、同じように優しい笑顔でご挨拶するのです。子どもの私には、それがとても不思議でした。

「おばあちゃま、なぜみなさんに笑顔でご挨拶するの?」。すると祖母は言いました。

「日本には一期一会というすばらしい精神があるのですよ。過去の立派なお人たちは、一期一会を大切にされていたからこそ、大きな花を咲かせたのです」。

「一期一会」は茶道に由来する言葉です。「今、目の前の人と過ごしている時間は、二度と巡ってこない、奇跡のような時間。たった一度きりのものだから、この一瞬を大切に思い、今できる最高のおもてなしをしましょう」という意味です。「一瞬の出会いを大事にすれば、いつでも良いご縁に巡り合えます」。そう言う祖母は浄土に召されるまで、本当に多くの方々に愛されました。出会いという種を大切に育てれば、やがて枝が伸びて葉が繁り、豊かな未来に繋がります。目の前の方が、新たな出会いの種を持ってきてくださるのです。

自分から心を開いて、笑顔で挨拶をしてみましょう。

結婚相手を選ぶなら
褒めてくれる人を
選びなさい

When you choose a marriage partner,
choose someone with a big heart.

私の父は「女性に対しては必ず褒める」がモットーでした。

女性にお会いするときは、感じたままに「美しいですね」とか、「今日は良いものを身につけられてますね」とお声がけします。私も父に褒められると、とても嬉しくなりました。「いやぁ、洋史子ちゃん、今日はきれいだね」とひとこと言われただけで、何か温かいものに包まれたような感じがしてその日を良い気分で過ごせるのです。

父にはひと言でふわっと周囲の雰囲気を明るくする才能がありました。「お殿様は、みんなを明るくさせるというのがお役目だ」と自覚していたのでしょう。

褒めると、相手は自分に対して敵意を向けてこなくなります。女性ばかりが住んでいた大奥では、お殿様がこうやって雰囲気を和《やわ》らげていたのでしょう。そうやって敵意を無くしていくことが、国と国とを繋ぐお殿様の役割なのです。

もしみなさまが独身で結婚相手をこれから選ぶなら、父のように惜しみなく褒めてくれる男性を選ぶと良いかもしれません。人を褒められるのは心の余裕があってこそ。余裕ある器の大きい人は、人の心を明るくします。

選ばれる女性とは謙虚で温かい人

The lucky women are the ones
who are modest and warm.

母・起三代《きみよ》は福島の庄屋の娘として生まれました。

弁護士を目指し、明治大学法学部に入学しましたが、卒業後は弁護士の道を選ばず、時事新報社の政治部で日本初の女性記者となります。

父と母は恋愛結婚でした。出会いはある食事会、そこで父は母を見初めました。父に「どうして母を選ばれたのですか？」と聞いたことがあります。すると、「社会でばりばり働く女性は男まさりという先入観があったが、話をしてみると謙虚で温かい人だったから」と父。

ただし、父の言う「謙虚」とは控えめでいることではありませんでした。

母は、東京・千歳烏山《ちとせからすやま》にある実家から与えられていた1000坪ほどの土地を、満州からの引き上げ孤児を援護する里親制度を設立し、孤児ホーム設立資金として日本赤十字社にポンと寄付してしまう豪胆さと優しさを持った人でもありました。

父の言う謙虚さとは、人さまのために無欲になれる逞しさのことだったのです。

人さまが困っていれば優しくする。

そんな温かさは愛される基本的なことなのです。

夫婦円満の秘訣とは
男と女は違う生き物
だと心得ること

The secret to a healthy marriage is understanding
that men and women are different creatures.

私が嫁入りする前日、祖母が私を部屋に呼びました。「結婚生活についてふたつのことを教えます。ひとつは、殿方より一歩でも早く家に入り、笑顔で『お帰りなさい』と言えるようになることです」。

男性というのは生まれたときから殿様気質です。共働きでも帰宅したときに妻が家にいないとなると、寂しくて仕方ありません。だからこそ玄関で妻が自分を笑顔で出迎えてくれるだけで機嫌良くなるものなのです。

もうひとつの教えは、「旦那様と喧嘩をしそうになったら、すぐその場で言い返さないで、一度お風呂場へ行って深呼吸してから戻って言いなさい」ということです。実際に経験してみると、お風呂場へ行っている間に「何が言いたかったのかな？」と忘れてしまうことがあります。忘れてしまう程度であれば、たいしたことではないのです。ひと呼吸置いても、どうしても言わなければと思うときだけ、相手の立場を思いやりながら伝えるようにしましょう。

松平家では、夫婦円満の秘訣は男女はそもそも違う生き物だと心得ること、と教えられます。

そのことを認めるだけで、案外うまくやっていけるものです。

第五章

人づきあいのヒント

Ropes on how to be sociable

人の話を途中で遮ってはいけない

Do not interrupt people
when they are talking to you.

祖母が私にやってはいけないと厳しく言っていたことのひとつに、「決して人のお話を途中で遮ってはいけません」というものがあります。

そうすることは、松平家では、相手の家の家紋の入った畳の縁を踏むくらい失礼なことだとされています。

相手のお話を最後まで聞かず、自分の話したいことを主張することは、とても失礼であり、美しくありません。

ほかにも、相手がお薦めのレストランや映画などの話をしているときに、「私も行ったことがあります」「私も観たことがあります」などと言ってしまうのも、とても無粋なこと。相手の話を最後まで聞くことは、自分の心を鍛えることでもあります。

祖母は、誰とでも親しく会話をする人でした。初めてのお付き合いも旧知の交わりのように変える洗練された社交術を持ち、爽やかな印象を相手に残しました。その社交術を教えて欲しいと、ある方に乞われると、祖母は「社交術などはございません。強いて言うなら、無私、人さまを大事にできるかを考えるということですね」と答えました。

会話のなかで、相手を大事にできる人は、誰からも愛される人なのです。

相手のミスはやり過ごす

Overlook others' mistakes.

ミスはなかったことにして相手に恥ずかしい思いをさせないのが、松平家の礼儀です。相手がミスしたとき、「やり過ごす」ことは優しさです。

「この人、ミスをしたな」と思ったら、ミスに対して何かを言うのではなく、さりげなく他に話題を移します。お茶をこぼしたらすっと自分が拭いてあげたり、持っているもので隠してさしあげたり。子どもは指差して騒ぎたがりますが、それは子どもでもいけないこと。

私が幼いころ、祖母の姪である秩父宮妃殿下のご招待で、ご自宅へお正月のご挨拶に伺った際の出来事です。

お節料理の里芋をうまく箸でつまむことができなかった私は、里芋をころんと転がしてしまいました。すると妃殿下は、「あら、おいもさんがコロコロ転がっているわね、元気なのね」と言われ、私を責めることなく、みなさんの視線を里芋のほうへ持っていかれました。私のしたことをなごやかな笑いに変えてくださったのです。

そのお気遣いの一言で、まだ小さかった私の心は救われました。

品格のある女性というのは、相手の気持ちを自然に量れる人なのです。

人を悪く言わず
見返りを求めず
羨《うらや》まない

Do not speak ill of others,
do not ask to be paid back,
and do not be envious.

相手を責めず、事情を察する。これが松平家の生きるうえでのマナーです。

また、何が起ころうと、声を荒らげてはならないと教えられます。

祖母が台湾に招かれ講演をしたときの話。

聴衆に話を遮られたり大声を上げられたりと妨害に遭いましたが、決して怒りませんでした。平謝《ひらあやま》りの世話役たちは驚きをかくせず「先生は、あんな不快なことがあっても、少しも嫌な顔をなさいませんでしたが、怒ったことはないのですか？」と質問しました。すかさず祖母は「怒ったことはございません、今日のことは何か事情があってのことでしょう」。「ご家庭のなかでも怒らないのですか？」と聞かれると、「はい、家でも怒ったことがございません」。

実際、子どもたちにも、女中たちに対しても、怒ったり、愚痴を言ったりしたことはありませんでした。孫たちの通知表が悪くても、「今はお好きなことが他にあるのですね。得意なことをうんと伸ばしなさいね」と優しく言ってくれたのです。

松平家の美学とは、「人を悪く言わない」「人に見返りを求めない」「人を羨まないこと」です。

そう生きることで、身も心も清らかに美しくなるのです。

もてなしの心とは
その方の心に添うこと

Hospitality is conforming to the mind of your guest.

松平家の茶話会では、お天気が良ければ、庭の季節の花をご覧いただいてからお席にご案内します。

このときの席順は決めておきますが、お客様がご自身で座られたら、その方のご希望を優先いたします。こちらの思惑と違ってもお客様を優先するのが、その方の心に添うことだからです。

おもてなしをするときは、人と人との心の繋がりを何よりも大切にして、言葉でも態度でもお相手を優先していることを示しましょう。

また、「お暑いですね」のご挨拶に「いいえ、涼しくなりましたよ」と言い返したり、「おトイレはどちらですか」という問いに「お化粧室ならあちらです」とお相手と別の用語を使うのは失礼にあたります。これは、お相手を否定することになりかねません。

その方が「お暑いですね」なら「本当にお暑いですね」、その方が「おトイレは？」と言われたら「おトイレはあちらです」と、同じ用語を使うことが、気遣いに繋がります。

また、四季を感じる会話も、気の利いたおもてなしです。「今朝は朝顔がきれいに咲いていましたよ」など、それだけで、相手はさわやかな気分になれるのです。

貧乏とは、人のために
何もできないこと

Poverty is being unable to do anything for others.

祖母・俊子は、17歳のときに祖父・松平胖《ゆたか》と結婚しました。媒酌人《ばいしゃくにん》は大隈重信《おおくましげのぶ》。披露宴は3日間に亘《わた》り、嫁入行列は鍋島家の威信を懸けた大層立派なものであったそうです。祖母の長姉・伊都子《いつこ》は梨本宮守正《もりまさ》王に嫁ぎ、皇族随一の美女であったと語り継がれています。もう一人の姉・信子《のぶこ》は大河ドラマ「八重の桜」で綾野剛《あやのごう》が演じていた松平容保《かたもり》の六男に嫁ぎ、その娘・勢津子《せつこ》は昭和天皇の弟・秩父宮親王の妻となります。

こういうと、たいそう裕福な一族のように思われますが、戦後の皇籍離脱や華族制度の廃止で財産税納付のため財産を手放し、身分も失います。どの家もたいへんな窮状であったそうです。しかし祖母たち女性は、そんなときでも「誇り」を失わず、人のために尽力しました。

我が家も決して裕福ではありませんでした。それでも今も覚えているのは、祖母から質問された「貧乏とは、何ですか?」という問いです。子どもたちは、「ご飯が食べられないこと」と答えていましたが、祖母は言いました。「貧乏とは、人さまのために何もできないことです」。

どんなときでも人に尽くすのが本当の豊かさであり、その精神が気品を育ててくれるのです。

第 六 章

美しい所作

Beautiful Gestures

美しい所作をつくるには丹田を意識する

To carry yourself gracefully,
you need to tune in to your elixir field.

松平家をはじめ武家というものは、格好良く見られることが、何より大事でした。そのため、丹田を鍛えることには、特に拘《こだわ》ったのです。

丹田を意識すると、自然と背筋が伸び、静と動のメリハリのある美しい所作が生まれます。剣の達人も、もちろんこの丹田を意識します。

丹田に力を入れると身体に芯ができ、上半身は自由に動きながらも下半身は安定するので、力強く刀を振ることができ、なおかつ美しい姿勢を保てるのです。

女性がハイヒールで歩くと猫背になったり、膝が曲がったりしがちですが、そんなときも、この丹田を意識してみましょう。それだけで歩き方は、見ちがえるほどきれいになります。

中心がブレていては、どんなに美しいと思っておこなう所作も、他人から見ればバランスの悪さが目立ちます。

座っているときも、ご挨拶するときも、常に丹田を意識してください。

人さまの目にとまる美しい所作は、丹田が生むのだと心得ましょう。

歩く姿勢は人生を表す

The way you walk speaks volumes
about how you live.

松平家では「ただ歩き方を正しくするのではなくて、常に美しく見えるよう、心構えをしなさい」と躾けられます。

歩く姿勢が人生を表し、心の美学が歩く姿勢に見えてくるからです。

1. まず、正しい立ち方をします。足先はかかとをつけた逆ハの字。背後に壁があることをイメージして、背中と後頭部が壁についているイメージで立ちます。

2. 頭が背骨の上にのっているように意識して。

3. 必ず顎《あご》は引いた状態です。顎があがっていると、どんなに美しく歩いても気取っているように見えたり、滑稽に見えたりします。

4. 腰から足が真っ直ぐ出ているかのようにイメージして、膝《ひざ》を曲げずに一歩踏み出します。膝を曲げると10歳ほど老けて見えてしまいます。

5. 丹田にぐっとチカラを入れましょう。丹田を意識すると身体の中心が定まり、より美しく見せることができます。

語末で唇を閉じれば
上品に聞こえる

If you close your mouth
when you are finished talking, you will sound graceful.

松平家の子どもは、朝起きてすぐに発声練習をさせられました。

それは、挨拶するときの言葉や声を美しくするためです。

「あいうえお、あうん。かきくけこ、かうん」。このように、語末は必ず「うん」で締めます。こうすると言葉が歯切れよく、そのうえ上品に聞こえます。

逆の場合をイメージしてみるとわかりやすいのですが、語末で唇を閉じないと、「いらっしゃいませー」「それでさぁー」とカジュアルな感じになるのです。

それぞれの語の区切りがなく聞こえ、話していることの意味がうまく伝わらないこともあります。このことを心得て、会話の語末では必ず唇を「うん」の形に合わせるようにしてみましょう。

これをすると、話すテンポがやや遅くなりますから、このこともあなたの言葉を上品にするひとつの要因となります。話し言葉を丁寧にしても、語末が美しくなければ、きれいには聞こえません。

言葉をお聞きになる相手のために、語末では必ず唇を閉じましょう。

美しい挨拶とは①
言葉と動作を一緒にしない

Beautiful greetings are (1) those in which
words and gestures are separate.

松平家では、常に「心のこもったご挨拶ができない人は、心を欠きます」と言われて育ちます。

朝、発声練習のあと、「おはようございます」の挨拶をするのですが、心がこもっていないと、できるまで何度も言い直しをさせられるのです。

武家の世界は、礼に始まり礼に終わります。挨拶は、自分を表現する一番わかりやすいコミュニケーションです。一期一会の出会いを大切にするためにも、まずはご挨拶で、相手に良い印象を与えることが大切なのです。

ポイントは言葉と動作を一緒にしないこと。

相手の目を見て「おはようございます」と言ってから、そのあと頭を下げます。

ご挨拶は語尾に向かってゆっくりと。

「おはよう・ございます」の、「よう」「ます」の言葉尻を丁寧に言うと、さらに心のこもったご挨拶ができます。

同じ言葉でもスピードが違うと、まったく違う言葉に聞こえますから、ゆっくりと、を心がけましょう。

美しい挨拶とは②
胸元に「懐」をつくる

Beautiful greetings are (2) those that are openhearted.

ご挨拶の言葉がきちんと言えるようになったら、次は美しいお辞儀です。

お辞儀というのはただ頭を下げることではありません。お目にかかれて嬉しいという気持ちでその方に頭を下げます。

1. 胸元の「懐」でお迎えする気持ちで「こんにちは」。
2. 挨拶の言葉を告げたら、ゆっくり頭を下げます。
3. 頭を上げるときもゆっくりと。胸元の「懐」を少し広げる気持ちで静かに息を鼻から吐き出し、心に余裕をつくります。

相手の方が、自己紹介をなさっているときは、「懐」で受け止める気持ちで、しっかりと胸元の広がりを感じて、「あなたの気持ちを受け止めていますよ」という空気をつくります。「懐」をつくると、自然と姿勢も良くなり、表情も明るくなります。

また、「懐」に相手をお迎えすると、相手はちゃんと自分を受け止めてもらえたと安心するものです。

老舗旅館や料亭など、一流のもてなしをされる場所には、こうしたご挨拶ができる方がいらっしゃいます。人生勉強を兼ねて、時々訪れてみてはいかがでしょうか。

美しい挨拶とは③
静と動の動きにメリハリをつける

Beautiful greetings are (3)
energetic and quiet at the same time.

松平家の作法は、「格好の良さ」を重視します。それが人への気遣いだからです。

武士にとって位の高い方とお目にかかり、ご挨拶することはめったにない貴重な経験でした。そのためにも、ご挨拶だけで、心を捉える所作をつくり上げていったのです。

言葉を交わさないときのお辞儀の仕方は、

1. ひじを少し曲げ、腿《もも》の上で両手を軽く重ねます。
2. 丹田にぐっと力を入れ意識しながら、背中をまっすぐにし、胸元の「懐」から前に倒すようにして、ゆっくり頭を下げて一瞬止まります。
3. 頭と手をゆっくり戻します。

時代劇の武士のお辞儀を観察すると、わかりやすいと思います。

このときのポイントは、静と動の動きにメリハリをつけること。2で頭を下げたら、一度きちんと動きを止めましょう。

静があるから動が際立ち、動のなかに静があるから美しいのです。

両極を一体化させる美は、日本の文化でもあります。

着席から立ち上がり挨拶するときは、5つの動作で美しく

When you stand up to make a greeting,
there are five things you should do beautifully.

ご自身が先に着席されていて、あとからお相手がいらっしゃる場合の挨拶は、

1. 座る際、スカートの左右の端を腿《もも》の下に折り込み、両膝が開かないようにして、椅子に浅く座る。
2. その後、椅子に両手をついて腰を移動させて深く座る。
3. お相手がいらして立つときは、側面に両手をつき、手前に腰をもってくる。
4. 両足を揃えてスッと立つ。
5. 頭を下げ、ゆっくりとご挨拶をする。

このときも、静と動を意識して、メリハリをつけましょう。

逆に、あなたが後から到着し、ご挨拶して着席するときは、椅子の横に立ち、ご挨拶。椅子の前に立ち、膝の裏が椅子についたことを確認し、着席します。

お辞儀は、自分のためでなく相手のためにするものです。

美しい所作は、場の空気を浄化して、気持ちの良い場をつくり出します。

美しい姿勢は
腕の位置を
卵1個分意識する

Imagine eggs under your arms.

「美しい姿勢」というと、「気をつけ」の体勢で、両腕を体の横に沿わせてピンと伸ばす方がいます。けれどこれは、自然ではありません。

美しい姿勢とは、骨格や筋肉の流れに逆らわない、ある意味で自然な姿勢のことだからです。

さて、自然な姿勢をするときに意識すべきなのが、両脇の開き具合です。左右の脇それぞれに鶏卵1個が挟まっているとイメージしてください。すると両手は、「丹田」の少し下で組むようになるはずです。これが自然で美しい腕の位置。

立っているときやお辞儀をするとき、また椅子に座っているときなども、「卵1個分」を意識して、両腕の位置を決めてください。

ほかに、物を取ろうとして腕を伸ばすときなど、身体ごと対象物に近づいていきます。それ以上、脇を開く動作は、美しくないからです。

横着をすると、せっかくの美しい姿勢が、あっという間に崩れてしまいます。

気品溢れる所作を維持するためには、腕はいつも「卵1個分」を意識しましょう。

箸の使い方を極める

Learn to use chopsticks.

松平家では毎日の食事は修行の場。ご飯粒ひとつも残してはいけません。そのため、小豆《あずき》で箸使いを練習させる遊びが、毎日の生活のなかに組み込まれていました。

武家の子どもたちは、箸の使い方に関しては、何よりも厳しく躾けられました。祖母の幼少のころも同様です。

祖母の父、鍋島直大は明治維新の直前、15歳で佐賀藩の宗家35万7000石を継ぎました。年若いことも幸いして新しい時代に順応し、日本に初めてできた裁判所の副総監、駐イタリア公使、元老院議官などを務め、明治天皇の信頼も厚く、式部長官としてお側に仕えていました。そんなとき、祖母は鍋島家に生まれました。祖母は「男であれば国を動かすほどの激しい運気を備えている」と占われたため、直大はその教育係になる女中を厳しく選びました。元佐賀藩士で組頭《くみがしら》を務め、倒幕の陣に加わった勇者を父に持ち、厳しく躾けられたキヨという女中が選ばれました。キヨは、自分の主人である俊子が粗相《そそう》をしないか、他の姉妹より作法が悪いと言われないかと、いつも気をもんでいました。なかでも、どんな食事の作法より徹底的に練習したのは箸の使い方です。

箸使いは日本人のマナーの基本中の基本。箸をうまく使えていないなら、今日からでも集中して練習しましょう。

気品は触れて学ぶもの

Dignity is something that is best acquired
by observing those who have it.

祖母が幼少のころ、鍋島家の屋敷や大磯《おおいそ》の別荘に、明治天皇がいらしたことがありました。お生まれになったばかりの昭和天皇がご一緒だったときなど、あまりにもかわいらしいので、11歳だった祖母は思わず、「お抱きしてもよろしいでしょうか？」とお願いし、抱っこをしたそうです。当時は宮家や華族と呼ばれる方々との交流が盛んに行われ、パーティもたびたび催されました。

祖母の子どものころ、子どもはパーティには参加できませんが、その様子をよく見ておくように言われて、2階のバルコニーから、いらした方々の様子や上流階級の雰囲気を味わうことができました。子どものころからそうやって高貴な方々の世界を見ておくことも、大事な学びのひとつだからです。

松平家でも「気品は触れて学ぶもの」とされています。マナーの本を読んだりするだけでは、本物の気品は身につきにくいのです。実際に気品を身につけている方の会話を聞きに行ったり、振る舞いを見て学び場の空気を感じとることは、とても大事なことなのです。チャンスがあれば、そのような方が集まる一流のレストランや料亭などを、ぜひ訪れてみてください。

不用意に跡を残さない

Do not clumsily leave a trace of yourself.

香りのお洒落が当たり前の時代になりました。

私もＴＰＯをわきまえた上品でほのかな香水の香りなどは、とても素敵だと思います。

ただ、松平家では「やたらと香りをつけて、自分の跡を残すものではありません」と躾けられます。去り際まで美しいのが武家のマナー。去ったあともその場に自らの痕跡が残るほど、強い香りをつけて歩くことは品が良いとはいえない……というわけです。

そもそも香水など、わざと身にまとう香りは、本来は「人さまに心地よく感じていただきたい」という気遣いのはず。そうした気遣いを忘れ、強すぎる香りや、その場の雰囲気を損なう香りを持ち込むことは、とても失礼なことなのです。

たとえば、お寿司屋さんは生のお魚の香りを楽しむ場でもあるわけですが、そこに香水の強い匂いがまじると、せっかくのお寿司の繊細な味が台無しになってしまいます。

繊細な香りを楽しむ場に出かけるときは、香水を控える――そういう選択ができる女性が、気品ある素敵な女性なのです。

さぼれば錆びる

Cut corners and you will become rusty.

母は五十年前、日本の真珠を日本の文化として残したいという想いから真珠の会社を設立しました。数年前、私がその後を継ぎ、現在は日本橋三越で販売しております。

そこには素敵なお客様がたくさんいらっしゃいます。

ご高齢の方もいらっしゃいますが、品のあるお召しもの、センスの良いヘアとメイク、お似合いのジュエリー、そして姿勢はどなたもしゃきっとされています。

「人間は歳を重ねても、手を抜いてはいけませんよ」「自分磨きが一番楽しいわ」などとおっしゃる方もいます。愚痴や噂話は一切されません。

どのような生き方をされてきたのかは伺うまでもなく、精神的な豊かさと品格が滲《にじ》み出ているのです。

松平家の女性たちも、「人さまのためにいつも美しい自分でいなさい」と躾けられました。祖母も自分磨きを楽しむ人でした。90歳を過ぎてからも、人前に出るときは身だしなみを整え、お目にかかる方への敬意を込めてアクセサリーも身につけていました。

手抜きをしたくなる瞬間もありますが、そんなときは、「さぼってしまったら、錆びてしまうでしょう」という祖母の言葉を思い出します。

第 七 章

優しいおもてなし

Kind Hospitality

本当のおもてなしとは
その方に合わせた
気遣いができること

True hospitality is being able to discern
the needs of your guests.

戦国武将の石田三成《いしだみつなり》は、〝お茶の淹れ方〟で出世するきっかけをつくったと言われています。豊臣秀吉《とよとみひでよし》が鷹狩りで喉の渇きを癒すために立ち寄った寺で、まだ小僧だった三成が、ぬるめのお茶を茶碗に七〜八分程度入れて出してきたのです。一気に飲み干した秀吉が、もう一杯所望すると、今度は熱いお茶が茶碗半分の量で出てきました。さらにもう一杯所望すると、次は小さめの茶碗に熱々のお茶が出てきたのです。それらは、秀吉の喉の渇きを癒しながらも、お腹がだぶつかないようにする三成の気遣いでした。丁寧な気遣いを気に入った秀吉は、三成を城に招き、そこから出世の道が拓《ひら》けたのです。

松平家でも、お茶の出し方は特に厳しく教わります。一般的な作法はもちろん大事ですが、一番重要なのはお客様に合わせることです。

日差しが強く、暑い日なら茶碗七分目。暑い季節の少なめのお茶は涼しげに見えます。反対に気温が低い日なら少し多めの茶碗八分目。これくらいの量だと、見た目が豊かで温かいものです。茶碗になみなみと入ったお茶は、決してお出ししてはいけません。何の考えもない適当な印象をお相手に与えます。

その方に合わせた気遣いが、本当のおもてなしです。

心を耳で聞きなさい

Listen to people's hearts.

香道の世界では「お香を嗅ぐ」のではなく「香りを聞く」と言います。お香を勢いよく嗅ぐと灰を吸いこんでしまうので、耳で聞くぐらい静かに鼻をすっとやるだけにするという意味合いです。

このことに因《ちな》んで、松平家では「心を耳で聞きなさい」と教わります。要するに、相手の言葉を聞くだけではなく、その人がまとう空気を耳で感じとりなさいということです。たとえば、料亭のお座敷では、障子や襖《ふすま》の向こうは仲居さんには見えませんが、一流料亭の仲居さんは座敷の空気を耳で察します。そして、頃合いを見計らって、次の料理をお持ちします。

このように、お客様に気づかれずに察する気遣いこそが、一流のおもてなしです。「この店は、とても気を遣ってくれた」とお客様に思われたら、実は失敗です。お店側の気遣いをさとられず「ああ、とても居心地よかった」と思っていただければ成功なのです。

今は、「おもてなし」という言葉がひとり歩きしているように感じます。本当のおもてなしとは何か、日本人として今一度考えてみる必要があります。

「間《ま》」は「心眼《しんがん》」で計りなさい

Measure the moment with your mind's eye.

「心眼」とは、心の目で物事を見ることです。

松平家のおもてなし精神の基本がこの「心眼」です。

心眼を養うために、お客様にお茶のお差し替えをするのは子どもの役目でした。うちでは「お引き継ぎの間」という待合室にお客様が座って待っています。そこにまずは女中がお茶を出します。子どもたちはその次にお茶のお差し替えをするのです。そのときのタイミングは、「心眼」で計りなさいと教わります。お客様がお茶を飲み干したかどうか、じろじろ見て確認するのではなく、心の眼で気配を感じます。

たとえば、お客様がお茶碗を茶托に置く音の間隔が変わったり、会話がとぎれた際の間の取り方がなんとなく妙だったり。そうした気配に集中すれば、お客様がお替わりをほしがっていらっしゃることがわかるのです。

祖母は、晩年視力が衰えましたが、家族が手術を勧めても「私には心眼があるので必要無いのですよ」と毅然と言い放ち、泰然たる暮らしぶりでした。

祖母のように心眼を極めれば、見えなくとも相手の気配で気持ちや動きがわかるようになると、私は信じています。

飲みたいときに出されるお茶が
一番おいしい

The most delicious tea is that which is served
when one is thirsty.

私が小さいころ、父が出かけるときに靴を用意したり、玄関の引き戸を開け閉めする番頭がいました。

その番頭がすごいのは、冬の寒い日、父が外出する気配を空気で察し、靴を下駄箱から出して温めて、父が靴を履き終わるタイミングで引き戸をさっと開けます。主人がぎりぎりまで冷たい外気にふれないよう十分に気を配るのです。

夏の暑い日は、出かけるだいぶ前から引き戸を開け、玄関先に打ち水をして、爽やかな風を通しておきます。

この一連の動作が見事にさりげないのです。お客様にも同じように行います。このように、松平家は徹底的に気遣いに拘《こだわ》りました。

しかし、松平家の法式をそのまま現代に取り入れても、時間の流れが昔と違うので、ちぐはぐになるときもあります。たとえば、遠方からお客様が訪ねてくださったら、茶道をたしなむ人なら、おいしい抹茶を点《た》てて差し上げたいと気遣うでしょう。しかし、20分かけておいしい抹茶を点てましたと言われてもお客様は喜びません。

飲みたいときに、さっと出てくるお茶が一番おいしいのです。

季節が一番の御馳走

The best treat is one
that is reminiscent of the season.

祖母は、麴町の鍋島邸（現在の首相官邸のある場所）で育ちました。

そのお屋敷では、西洋式の園遊会がたびたび行われていました。

その後、松平家に嫁入りすると、そこでは日本古来のおもてなしをする茶話会の作法を学びます。

茶話会は主催を交替して開かれました。茶話会のお当番になられた家は、朝からお客様をお迎えする用意をします。

門から玄関まで古い葉が落ちていないか、踏み石が汚れていないか、そしてお部屋の生花に季節感はあるか……。

松平家のおもてなしは、「季節」が御馳走です。

その日のお菓子には、季節のものをご用意します。帰りの時間になると、玄関にはお土産を用意しておきます。お土産は、お相手の好みを考慮したうえで、旬のものを選びます。

移り変わる季節をともに過ごせる喜びを、さりげなく形にして、お目にかけること。

こうした喜びを積み重ねることが、長きにわたるご縁に繫がります。

ひとりでも寂しそうに
されている人がいることは、
あってはならない

No one should feel left out and lonely.

茶話会を主催する際、最も大事なことは、すべてのお人に気を配ることでした。

祖母はいつでも、子どもだった私に「客人すべてを見ておきなさい」と言いました。

ある日の茶話会のあと、「洋史子さん、今日の茶話会はどうでしたか？」と聞かれました。私は、「そう言えば、今日は紫の着物の方が、少しお寂しそうでした」と伝えます。すると、「洋史子さん、『そう言えば』というのは無しですよ。後で気づいたのでは遅いのです。その場で、すぐにどうにかしなくては。この次は、その紫の着物の方を、お話に乗せていきましょうね」と言うのです。

集まった方がひとりでもお話をされなかった、または寂しそうにされていたということは、あってはならないのです。

みなさまが気持ち良くお話ができることは、主人の心遣い。松平家の子どもたちは、このことを叩き込まれます。

見渡して、気を配る。それが普通にできれば、あなたがいる場所は居心地の良い場所になります。

客人すべてに、その方の居場所をご用意して差し上げましょう。

おもてなしされた側は「和《わ》敬《けい》清《せい》寂《じゃく》」の精神で主人と向き合う

Be appreciative of your host.

祖母は私が成人してから、よくこんなことを伝えてくれました。

「お宅にお招きいただいたら、和敬清寂の精神を忘れずに。あなたの気遣いひとつで、招いてくださった主人は、気持ち良くおもてなしできるのですよ」

「和敬清寂」とは、茶道の心得を示す言葉です。

「和敬」とは、主人と客人がお互いに心を和らげて敬い合い、茶会がうまく建立《こんりゅう》されることをめざすこと。

「清」は心や茶道の動作に表れる清らかさのこと、「寂」は〝閑寂枯淡《かんじゃくこたん》の美〟と称されるわび茶の精神のことです。つまりは、主人と客人が協力しあって、素敵な茶会を過ごしましょうということ。

お招きいただいた立場であっても、ただもてなされているだけでは素敵な時間は成立しません。

主人は、客人に喜んでいただくために、たくさんの心配りをされています。その好意に触れた喜びを、素直な言葉と表情で表現するのが、おもてなしをされた側のマナーです。

手土産を渡すとき、
「つまらないものですが」より
「今人気のお菓子です」

When you hand over a gift, don't say
“Here's a little something I brought”—say
“I brought you some popular sweets.”

相手の家を訪問する際、手土産をお渡しするときについ出てしまう「つまらないものですが」。謙虚になりすぎて、その手土産の魅力を伝えないのはもったいないことです。「つまらないものですが」よりも、「これは今人気のお菓子です。お口に合うかどうかわかりませんが、いかがですか?」と付け加えるほうが、相手を想う気持ちが伝わります。

「つまらないものですが」という日本語は、ある程度いろいろな経験を積まれた大人の方だからこそ似合う言葉なのです。

手土産をお渡しするタイミングも大事です。玄関を上がって部屋に通された直後、紙袋から品物を出し、洋間でしたら立ったまますっと手渡す。

畳の間なら正座をして畳の上でお渡しすると美しいものです。テーブルの上でお渡しするのはテーブルが傷つくと言われ、あまり美しいものではありません。

逆に相手からいただいたときは、ただ「ありがとうございます」「ありがたくお受けします」など、「いただきます」という感謝の言葉で受け取りましょう。

おわりに　「気品」とは、人さまに心を配ること

「何ごとにも、入口があれば、出口があるのですよ」

祖母が毎日のように口にしていた、私のお気に入りの松平家の教えのひとつです。何かを得ようとするときは、その目的と、最終的な仕上がりをイメージすること。そうすれば、得ようとするものを確実に得ることができるというわけです。

本書の「入口」（はじめに）では、気品について触れさせていただきました。ですから、気品を身につける方法を、たくさんご紹介してきたつもりです。

そしていま、この本の「出口」に差し掛かりました。気品を身につけたみなさまが、ご自分のこれからをどのようにイメージして人生を歩まれるのか。それをイメージすることが、「出口」を考えるということです。

ぜひとも美しく幸せな人生を思い描いてください。

それからもうひとつ、常に心に留めていただきたいのが「残心」という言葉です。

残心には、「相手の方に心を残す」ということのほかに、「反省する」という意味もあります。たとえば、お客様をおもてなししたあと、お客様と心を合わせることができたかどうか、反省することも「残心」です。こうした心残りを、その方との次の会合に活かして、少しずつより良い関係をつくり上げていく。そうすることで、人と人との間に、確かな縁が結ばれていきます。

人は、ひとりで生きているのではありません。いつでも人との関係のなかで生きています。「気品」は、もとは人さまに心を配ることから生じるものでしたね。

人さまと接するときに「優しく、逞しく、美しく」あろうとすることが、人生をより良く生きるための秘訣なのだと、私は強く信じています。

この本を手にとってくださったみなさまが、真に「美しい女性」となれますように。

２０１４年９月　松平洋史子

松平洋史子（まつだいら・よしこ）

1949年京都生まれ。水戸徳川家の流れを汲む讃岐国高松藩松平家の末裔。幼少のころから松平法式の厳しい躾を受け育つ。国立音楽大学教育学部に入学、卒業を待たず結婚。大日本茶道協会会長、広山流華道教授、茶懐石・宋絃流師範、ライシャワー・アカデミー名誉副会長、ソーシャルリーダーズクラブ名誉理事等を務める傍ら、現在、母親が創立した葵パールの代表取締役を務める。祖母・松平俊子が昭和女子大学（旧・日本女子高等学院）の校長時代にまとめた松平家に代々伝わる生き方教本『松平法式』を受け継ぎ講演会もおこなう。

松《まつ》平《だいら》家《け》 心《こころ》の作《さ》法《ほう》

2014年9月4日　第1刷発行
2018年8月22日　第4刷発行

著　　者　松平《まつだいら》洋《よ》史《し》子《こ》

デザイン　長坂勇司
装画・挿絵　緒方 環
協　　力　杉本尚子　樫原叔子
企画編集　依田則子

発 行 者　渡瀬昌彦
発 行 所　株式会社講談社
〒112-8001 東京都文京区音羽2-12-21
電話　編集　03-5395-3522
　　　販売　03-5395-4415
　　　業務　03-5395-3615

印 刷 所　慶昌堂印刷株式会社
製 本 所　株式会社国宝社

ISBN978-4-06-218660-5　142p　18cm　N.D.C.809.2